As grandes cidades morrem.

Você pode salvá-las.

Fabio Schivartche

Poluição urbana

As grandes cidades morrem.

Você pode salvá-las.

Coordenação de texto
Lourenço Dantas Mota

editora
TERCEIRO NOME

'mostarda
editora

Coleção Repórter Especial

Editores associados
Edgar Gusmão Dias da Silva, Fernando Portela, João Lima Jr., Mary Lou Paris, Ruy Mesquita Filho, Samuel Ribeiro Rossilho

Preparação dos originais *Fabiana Grazioli Medina*
Revisão *Vivian Miwa Matsushita*
Projeto gráfico e capa *Antonio Kehl*
Foto da capa *Antonio Kehl*
Impressão *Palas Athena*

Dados Internacionais de Catalogação na Publicação (CIP)
(Câmara Brasileira do Livro, SP, Brasil)

Schivartche, Fabio
Poluição urbana : as grandes cidades morrem : você pode salvá-las / Fabio Schivartche ; coordenação de texto Lourenço Dantas Mota. — São Paulo : Editora Terceiro Nome : Mostarda Editora, 2005.

Bibliografia.

1. Cidades 2. Poluição urbana 3. Sociologia urbana 4. Urbanização - Aspectos ambientais I. Mota, Lourenço Dantas. II. Título.

05-8555 CDD-363.73091732

Índices para catálogo sistemático:

1. Poluição urbana : Problemas sociais 363.73091732

Editora Mostarda / Editora Terceiro Nome
Rua João Felipe Silva 52
Cep 04638-030 – São Paulo – SP
www.editoramostarda.com.br
www.terceironome.com.br
Tel (11) 5093 8216 Fax (11) 5044 5540

São Paulo 2005

Apresentação

A poluição urbana se agravou de tal forma nos últimos anos que se tornou uma questão de vida ou morte. Deixou de ser objeto apenas de discussões acadêmicas e passou a interessar ao homem comum. Só em São Paulo, ela mata indiretamente oito pessoas por dia, segundo estudo realizado pela USP. A crescente escassez de água tratada, agravada pela poluição de rios e represas, é um fantasma que ronda as grandes cidades brasileiras.

E a perspectiva é que a situação se agrave, porque dezoito das 23 megacidades do mundo com mais de 10 milhões de habitantes estão localizadas em países em desenvolvimento, que dispõem de menos recursos para enfrentá-la. De acordo com o Programa da ONU sobre Meio Ambiente, a cada ano essas megacidades recebem mais 60 milhões de habitantes, por migração ou crescimento vegetativo, aumentando dramaticamente as demandas por água tratada e saneamento básico.

Fabio Schivartche explica neste livro o que é poluição urbana, suas causas e conseqüências para a saúde da população, as possíveis soluções para o problema e os progressos já feitos para combatê-lo. É um trabalho que alia clareza e rigor, de forma a tornar a compreensão do problema acessível ao maior número possível de leitores.

Os editores

Sumário

Para Ana

Introdução

O cenário era claramente uma maquete de papel. Os heróis, apenas atores vestidos com roupas brilhantes e falsas pistolas de raio laser. Mas a fantasia encantava a garotada nos seriados de super-heróis japoneses que invadiram a TV brasileira nos anos 1970. Um dos primeiros a chegar por aqui foi *Spectreman*, que contava a saga de um andróide vindo do planeta Nebula 71 para lutar contra o temível doutor Gori e seus gigantes monstrengos criados a partir de mares contaminados, radiação nuclear e do ar carregado e cinza de Tóquio. Na ficção, a cada episódio, o herói cumpria sua missão e exterminava os bichões feitos de poeira, óleo e lixo radioativo. Sobravam sopapos até para o companheiro de Gori, um macaco mutante de duas faces chamado Caras. Mas nem só de ficção científica e violência se alimentavam as crianças com esses programas televisivos. À sombra dos combates frenéticos de Spectreman, estava nascendo o embrião da consciência ecológica.

Logo na apresentação do programa, viam-se pessoas caminhando apressadas numa cidade cinza, cheia de carros e viadutos – a síntese das metrópoles contemporâneas, com todas as suas neuroses estampadas na telinha. O Japão vivia então um dos mais acelerados processos de industrialização vistos no mundo, com um conseqüente aumento exponencial de suas fontes poluidoras. As indústrias e os carros passaram a fazer parte do cotidiano das grandes cidades. Era uma realidade em todo o chamado primeiro mundo (composto pelos países já industrializados), que também começava a ganhar força em nações em desenvolvimento, como o Brasil. O homem começava a discutir para onde estava indo a carruagem da civilização. Ou seria atolando?

Os Estados Unidos e a União Soviética, numa disputa pela hegemonia mundial que levou à escalada armamentista da Guerra Fria, aceleravam suas economias. A China comunista acordava, ainda que lentamente, para o capitalismo. Os países da Europa, que ainda nem pensavam em unificação, competiam entre si. E o Brasil vivia o milagre econômico do regime militar, construindo a maior usina hidrelétrica do mundo (Itaipu, inaugurada em 1984 depois de dez anos de obras), pontes quilométricas (a Rio–Niterói, com 13,2 quilômetros, foi inaugurada em 1974) e ampliando seu parque industrial. Nossa economia era a que mais crescia entre todos os países do mundo. Foi uma época curiosa: de um lado, a civilização criava inovações tecnológicas (com o surgimento do walkman, o avô do iPod, e dos computadores pessoais) até então inimagináveis; de outro, a urbanização acelerada e sem planejamento, para aproximar a mão-de-obra dos grandes projetos de engenharia, começava a produzir megalópoles e suas mazelas, as favelas. A palavra de ordem até então era progresso, e azar de quem ficasse no caminho.

Mas algo começava a mudar, ainda que de forma sutil. Enquanto os monstros da TV aguçavam o interesse da criançada pelo tema, os adultos passaram a discutir o que seria do futuro do planeta se os recursos naturais continuassem a ser consumidos de forma cada vez mais voraz. Uma pesquisa da revista *Veja* em 1975 mostrou que a poluição era o maior problema das cidades para 80% dos entrevistados – pior até do que a criminalidade. Projeções apocalípticas entraram na moda, propagadas pelas nascentes entidades ambientalistas. Conceitos como chuva ácida, efeito estufa e buraco na camada de ozônio deixaram os livros de ciência para entrar nas conversas de bar. De uma hora para outra, tornou-se questão de sobrevivência manter a água das represas limpa e reduzir o volume de carros em circulação, taxados logo – e com certa dose de razão – de vilões do ar.

Os principais problemas das cidades foram agravados pelo inchaço populacional. Em 1970, quando ganhamos o tricampeonato mundial de futebol no México, cantávamos "90 milhões em ação, pra frente Brasil, salve a seleção". Foi a década em que o país consolidou seu processo de urbanização, quando o número de moradores das cidades definitivamente ultrapassou os do campo. Mais de trinta anos se passaram, três papas se foram, e o Brasil já ganhou cinco Copas do Mundo, mas hoje, no início do século XXI, por incrível que pareça, os problemas ambientais ainda são os mesmos. E agravam-se a cada dia. A falta de água tratada deixou há muito de ser apenas uma perspectiva longínqua e já é realidade em diversas regiões do planeta. As doenças respiratórias são quase uma epidemia, principalmente no inverno. Um estudo concluído em 2004 por pesquisadores da USP (Universidade de São Paulo) aponta que a poluição do ar mata indiretamente oito pessoas por dia na cidade de São Paulo – é de lá, aliás, que vêm os principais exemplos deste livro, por se tratar de uma região com grandes centros de pesquisa e universidades que dispõem de farto e confiável material estatístico, além de ser a capital mais afetada pela poluição em todo o país. Esgoto a céu aberto, invasões de áreas de mananciais, destruição da mata nativa... O resultado disso são prejuízos para os cidadãos, que enfrentam uma degradação da qualidade de vida, e para o Poder Público, que acaba gastando mais na rede de saúde e no tratamento da água que bebemos, para citar apenas alguns exemplos.

Hoje, já somos mais de 180 milhões de torcedores brasileiros, sendo que oito em cada dez vivem em ambientes urbanos. No mundo, existem 23 megacidades com mais de 10 milhões de habitantes. Dezoito delas estão localizadas em países em desenvolvimento. E essa multidão urbana tende a crescer. De acordo com o Programa da ONU (Organização das Nações Unidas) sobre Meio Ambiente, a cada ano somam-se mais 60 milhões de novos habitantes a essas megacidades, seja por migração ou crescimento vegetativo, acirrando as demandas por água e saneamento básico.

Cientes do problema, uma pergunta se faz presente: há solução? Sim, e nós sabemos os caminhos que devemos percorrer. Também conhecemos as dificuldades que vamos enfrentar para atingir as metas de redução da poluição urbana até transformar nossas cidades em lugares mais agradáveis e saudáveis de se viver. É um processo lento, caro e que depende de muitos fatores, desde pequenas ações individuais, como não jogar lixo na rua, até acordos políticos que envolvem indústrias multinacionais e o uso mais racional do petróleo. Este livro propõe-se a ser mais uma ferramenta de esclarecimento sobre o problema e suas possíveis soluções, que passam necessariamente por uma reflexão sobre o modelo de desenvolvimento que adotamos. E isso vale tanto para os países industrializados relutantes em assinar o protocolo de Kyoto, que prevê a redução gradativa das emissões de poluentes, como para você decidir se vai para o clube de bicicleta, de ônibus ou de carro. Cada ação, por menor que seja, faz diferença.

1

O que é poluição?

Pela lei brasileira, poluição é a degradação da qualidade ambiental resultante de atividades que direta ou indiretamente:

- prejudiquem a saúde, a segurança e o bem-estar da população;
- criem condições adversas às atividades sociais e econômicas;
- afetem as condições estéticas ou sanitárias do ambiente;
- lancem no ambiente matérias ou energia em desacordo com os padrões ambientais estabelecidos.

Vamos, agora, ilustrar essa definição. Imagine uma sala fechada e vazia. Dentro dela, você pode andar tranqüilamente de um lado para o outro. O que aconteceria, então, se alguém colocasse três ou quatro bolas de futebol dentro dela? Bem, você ainda poderia circular livremente pela sala, brincando de chutar as redondas pelas paredes. E se fossem duzentas bolas? Seus movimentos ficariam mais restritos, mas ainda sim seria possível caminhar pelo piso. Mas e se fossem milhares de bolas, número suficiente para cobrir a sala até a altura da sua cabeça? Aí a situação mudaria completamente, pois você poderia ser sufocado pelas bolas. A intenção desse exemplo hipotético é mostrar que às vezes a quantidade influencia na caracterização de um fenômeno. Com a poluição é assim: tudo depende da concentração de um certo elemento em relação ao meio que o envolve. Dizemos que o ar de um local está poluído quando a concentração de gases tóxicos supera certo limite e passa a representar um risco à saúde da população. É o momento em que o ambiente não é mais capaz de assimilar determinada quantidade de matéria. Ele, então, fica sobrecarregado, e o equilíbrio se desfaz. Com os rios, represas e mares, ocorre processo semelhante, e a poluição pode ser caracterizada a partir do momento em que a presença de agentes tóxicos torna a água imprópria para o consumo humano e para a manutenção da vida nesses ambientes.

Um exemplo visível é a maré vermelha, que ocorre em represas utilizadas para abastecimento público. Esse é um termo cunhado para designar as florações de algas tóxicas nessas regiões de mananciais, fenômeno cada vez mais comum nos centros urbanos brasileiros, por causa do aumento de esgotos não tratados lançados nos corpos d'água. A represa se torna mais rica em nutrientes e propícia à proliferação excessiva das algas. Alguns grupos desses vegetais podem produzir toxinas que alteram o gosto, a cor e o odor da água que vamos consumir. Isso reduz a qualidade da água e obriga o Poder Público a gastar mais dinheiro para tratá-la, antes de distribuí-la para nossas casas, onde vamos usá-la para tomar banho, regar as plantas, lavar o carro e matar a sede.

Até mesmo a comida de um peixe de aquário pode ser considerada um poluente! Se o dono do bichinho for viajar e despeja na água ração suficiente para vários dias, é provável que as bactérias que habitam o ambiente (o aquário) se proliferem a uma velocidade muito maior do que a normal, desenvolvendo uma população bastante numerosa em pouco tempo. Como as bactérias também respiram e consomem o oxigênio do aquário, da mesma forma que o peixe, é possível que em algum momento falte esse elemento vital. E, como o peixe necessita mais de oxigênio que as bactérias, ele morreria antes mesmo de acabar o O_2 do aquário. Veja a seguir os diferentes tipos de poluição e como eles nos afetam em cada ambiente.

Ar

Elemento indispensável à sobrevivência, o ar que respiramos é composto de oxigênio (20,9%), nitrogênio (79,1%) e pequenas quantidades de outros gases, como vapor d'água, dióxido de carbono, argônio e neônio. Esse coquetel de gases que circunda a Terra há milhões de anos é resultado da formação do planeta. Foi ele que propiciou o aparecimento da espécie humana. Se não houvesse oxigênio na atmosfera, nem as plantas teriam se desenvolvido, pois elas também necessitam desse gás para a respiração. É esse ar, vital à nossa sobrevivência, que o homem está devastando.

Em resumo, há dois tipos de fontes artificiais de poluição do ar: as fixas (principalmente as indústrias) e as móveis (veículos automotores, aviões, navios, trens etc.). Há também fatores naturais, independentes da ação do homem, que poluem a atmosfera, como queimadas, tempestades de areia e atividades vulcânicas, mas esses não atingem necessariamente as cidades, nem podem ser controlados com ações de planejamento, foco principal deste livro. Os cientistas já catalogaram mais de 3 mil tipos de poluentes no ar das cidades, alguns deles muito perigosos, que podem agravar doenças respiratórias e, em casos extremos, levar à morte. Os compostos mais comumente encontrados em grandes concentrações nos ambientes urbanos, os chamados vilões do ar, são o monóxido de carbono (CO), o dióxido de enxofre (SO_2), o dióxido de nitrogênio (NO_2), o ozônio (O_3) e o material particulado. O CO é produzido principalmente pelos automóveis como resultado da queima incompleta dos combustíveis. É um processo semelhante ao que gera o SO_2, também resultado da queima de combustíveis fósseis (derivados de petróleo). O material particulado é uma mistura de material sólido, líquido e gasoso em suspensão no ar. São partículas minúsculas que variam no tamanho, na composição e também na origem. As menores costumam conter traços de combustíveis e vapores metálicos. As maiores, frações de fumaça de indústrias e de automóveis, principalmente caminhões e ônibus movidos a óleo diesel. Já o O_3 é proveniente da reação fotoquímica entre outros gases e a luz solar, isto é, ele aumenta sua concentração em dias ensolarados e em regiões onde há a presença de outros poluentes. Como não tem cheiro e é transparente, alguns ambientalistas o chamam de "assassino oculto".

Num dia bastante poluído, os principais sintomas da poluição, como ardência nos olhos, tosse e alergias, são sentidos rapidamente. Há dias em que também é possível ver os poluentes formando uma grossa camada acinzentada logo abaixo do azul do céu no horizonte – o que pode gerar no inverno, numa perversa ilusão de ótica, um pôr-do-sol ainda mais bonito. Os poluentes também podem provocar prejuízos financeiros, ao corroer construções e danificar a vegetação. Entre as mais graves conseqüências da poluição atmosférica estão a chuva ácida, o efeito estufa e a diminuição da camada de ozônio na atmosfera. Entenda as causas desses problemas e seus efeitos:

Chuva ácida

Toda chuva é ácida por natureza, isto é, tem um pH (índice que mede a acidez) menor do que 7. Essa acidez é causada pelo gás carbônico (CO_2) atmosférico, que se dissolve nas nuvens e na chuva. Em tese, o pH da chuva fica em torno de 5,6. Entretanto, a precipitação que cai sobre as grandes cidades não é mais apenas levemente ácida, atualmente ela se encontra poluída por alta concentração de ácidos fortes lançados à atmosfera, como o sulfúrico, o nítrico, o clorídrico e os orgânicos, provenientes de vários gases produzidos em zonas industrializadas ou de grande circulação de veículos automotores. Os principais vilões são o monóxido de carbono, o dióxido de enxofre e os óxidos de nitrogênio. Uma vez liberados na atmosfera, esses gases podem ser convertidos quimicamente em poluentes secundários, como os ácidos sulfúrico e nítrico.

Diversos estudos já comprovaram que a chuva ácida é responsável por grandes danos às florestas, à agricultura, às águas e ao solo. Isso porque a acidez do solo dificulta que alguns nutrientes essenciais (como o cálcio, o potássio e o magnésio) cheguem às raízes das plantas para alimentá-las. Nos cinturões verdes nos entornos de grandes cidades, a acidez deixa os vegetais mais fracos e sujeitos a pragas e doenças, aumentando o uso de produtos químicos para combatê-las, muitas vezes danosos à saúde humana. As águas da chuva ácida e o excesso desses produtos vão desaguar nos rios, provocando problemas para espécies de peixes que não sobrevivem nesse ambiente poluído. Como resultado, ocorrem mortes súbitas, já registradas diversas vezes no Brasil e no exterior. Outro meio de disseminação da chuva ácida é o vento, já que as nuvens e as partículas podem ser levadas por centenas de quilômetros até precipitar. Há relatos de que usinas termoelétricas em Candiota, Santa Catarina, que usam carvão como combustível, foram responsáveis por ocorrências de chuva ácida no Uruguai, como se vê a direção do vento não respeita fronteiras desenhadas pelo homem. Em algumas regiões, a chuva pode ser acidificada por emissões naturais provenientes de vulcões ou fontes termais ainda em atividade. Manguezais e pântanos salgados também são fontes expressivas de liberação de compostos ácidos para a atmosfera. Além de danos à natureza, as chuvas ácidas também representam séria ameaça ao patrimônio cultural da humanidade, ao corroer obras feitas em mármore. A pintura dos automóveis, construções feitas de concreto e vidros de edificações também se deterioram mais rapidamente com a acidez da chuva.

Efeito estufa

Apesar da carga pejorativa associada ao termo, o efeito estufa é essencial para a vida na Terra. Em resumo, é a forma como o planeta mantém sua temperatura constante por meio de uma espécie de "cobertor de gases" que impede a reflexão de toda a radiação e calor recebidos do Sol. Em tese, 65% dos raios infravermelhos que atingem a superfície da Terra são retidos na atmosfera. Se não fosse a ação desse cobertor de gases, a Terra devolveria para o espaço mais luz e calor. Nessa circunstância, a temperatura média do planeta seria 30°C mais fria. O problema, como vemos, não é do fenômeno, mas sim da sua potencialização causada pela ação do homem, que está aumentando rapidamente a temperatura média no planeta, provocando graves desequilíbrios ecológicos. A cada ano, são lançadas na atmosfera mais de 25 bilhões de toneladas de gás carbônico, a maior parte pelos países desenvolvidos e industrializados do hemisfério norte. Cerca de 20% do total é resultado da queima de petróleo e derivados. O restante, da queima de florestas, item que recebe grande contribuição do Brasil, principalmente da região amazônica. As plantas desempenham papel vital no processo ao contrabalançar a emissão de gás carbônico na atmosfera. Quando vivas, o absorvem na fotossíntese e liberam oxigênio, atenuando o problema. Quando são queimadas, no entanto, emitem mais gás carbônico ao ar, engrossando o cobertor de gases na atmosfera.

No final do século XIX, o químico suíço Svante Arrhenius estudou a quantidade de cada tipo de gás presente na atmosfera. Verificou que havia trezentas partículas por milhão de gás carbônico no ar que respiramos. Mais de cem anos depois, esse número se elevou para 350 e nos dias de hoje aumenta a uma taxa de cerca de 0,4% anualmente. O resultado é a elevação da temperatura global e o gradativo degelo das calotas polares – fenômeno que, segundo cientistas, também pode estar sendo acelerado por um ciclo natural de aquecimento e resfriamento da Terra. Mas será que esse desequilíbrio térmico pode afetar tanto a nossa vida?

Na verdade, já está afetando, com um estimado aumento de vinte centímetros no nível dos oceanos ao longo do século XX. Em cidades como o Rio de Janeiro, a água do mar já atinge as avenidas à beira-mar em dias de tempestade, cobrindo por vezes a barreira de pedras que separa as pistas da areia. E isso é apenas a ponta do iceberg contra o qual navegamos a um ritmo cada vez mais rápido. Os cientistas estimam que haverá um aumento da temperatura global entre 2°C e 6°C nesse século, caso a emissão desses gases não seja drasticamente reduzida. Sem uma inversão desse fenômeno, a humanidade terá de se preparar para enfrentar desastres naturais de grandes proporções, como a inundação de cidades litorâneas, o desaparecimento de ilhas inteiras e, até mesmo, a intensificação de tempestades e terremotos.

Buraco na camada de ozônio

Quando está presente na troposfera, a camada mais baixa da atmosfera, região onde vivemos, o ozônio (O_3) é um poluente que causa irritação nos olhos e nas vias respiratórias e pode até provocar sensação de aperto no peito e de tosse. Mas, na estratosfera, aproximadamente entre vinte e trinta quilômetros de altura, esse gás é um importante filtro a favor da vida, pois impede parcialmente a passagem dos raios ultravioleta emanados pelo Sol, que, se atingissem o solo terrestre, poderiam, em última instância, aniquilar todas as formas de vida do planeta. Esse tipo de radiação é nocivo à saúde e pode provocar câncer de pele e doenças oculares, como a catarata. Os raios ultravioletas atingem diretamente o meio ambiente com modificações na cadeia alimentar, visto que certas espécies de animais, como por exemplo os anfíbios, e plantas são extremamente sensíveis a esses raios.

No início dos anos 1980, a comunidade científica fez os primeiros alertas sobre a redução da camada de ozônio em decorrência da ação de poluentes. Em 1987, a Nasa (a agência espacial dos Estados Unidos) confirmou que esse escudo protetor vem perdendo espessura, sobretudo nos pólos terrestres. Nos dias de hoje, só na Antártida o buraco já atinge cerca de 10 milhões de quilômetros quadrados, área equivalente à da Europa. O principal vilão, nesse caso, é um conjunto de substâncias que não é inflamável, nem explosivo nem tóxico e que durante décadas foi amplamente utilizado em residências de todo o mundo na singela fórmula do CFC (clorofluorcarbono) – material sintetizado pelo homem e usado na refrigeração de geladeiras, na confecção de isopor, de extintores de incêndio e em aerossóis. Quem poderia imaginar até então que o uso de um spray estaria colaborando para a redução da camada de ozônio? Ainda hoje especialistas discutem qual é a real contribuição do CFC para o alargamento do buraco na estratosfera. Na dúvida, diversos países baniram ou controlaram seu uso, optando pela sua substituição. No Brasil, por exemplo, apenas 5% dos aerossóis utilizam CFC; nos 95% restantes é usada uma mistura de butano e propano, significativamente mais barata. O consumo anual desse produto no país caiu de 11,1 para 4,3 toneladas, entre 1992 e 2003, segundo o IBGE (Instituto Brasileiro de Geografia e Estatística). Em 1990, a ONU determinou o fim gradativo da produção de CFC até o ano de 2010 em todo o mundo.

Água

Quando o cosmonauta Yuri Gagarin viajou ao espaço e disse a célebre frase "A Terra é azul", marcou o dia 12 de abril de 1961 na história da humanidade. O que ele viu lá de cima foi resultado do efeito ótico da atmosfera terrestre, que dá uma coloração azulada a nosso planeta. Mas sua frase também serve para descrever uma característica marcante da Terra: o fato de nosso planeta ser feito fundamentalmente de água, elemento vital para o desenvolvimento dos seres vivos. No hemisfério sul, há somente 19% de terra. Os 81% restantes são cobertos por mar, rios e lagos. No hemisfério norte, há 39% de terra e 61% de água. E foi no mar que surgiram as primeiras formas de vida, há cerca de 4 bilhões de anos. A importância da água é tão grande que até na filosofia de culturas orientais ela ganhou posição de destaque – representa o funcionamento da lei eterna, "de onde tudo parte e para onde tudo volta". Apesar de abundante no planeta, apenas um centésimo da água está à disposição dos homens, algo em torno de 113 trilhões de metros cúbicos, que fazem parte do ciclo contínuo da evaporação e da condensação, sendo que uma fração desse material é absorvida pelo solo, formando os lençóis freáticos. É um volume tão grande que se um extraterrestre chegasse dia desses ao nosso planeta se espantaria ao descobrir que a Terra corre o risco de não dispor de água limpa nos próximos cinqüenta anos.

Seja pela demanda crescente na agricultura, no desenvolvimento do transporte, na geração de energia e na indústria, seja pela degradação de áreas de mananciais e a contaminação de aqüíferos subterrâneos, a situação brasileira e mundial é complexa e preocupante. Em todo o mundo, o consumo de água doce dobrou nos últimos cinqüenta anos. Já existe competição e atritos políticos por água entre países no Oriente Médio. A situação é mais complicada em regiões naturalmente menos providas de lagos e rios e também onde o processo de urbanização vem provocando um aumento da demanda maior do que a capacidade de renovação do recurso.

Na média mundial de uso da água, o maior percentual se destina à agricultura, com 67% do volume disponível. Em seguida, vem a indústria, com 19%. O uso residencial fica com apenas 9% – e é justamente aqui que a distribuição se dá de forma absolutamente desequilibrada entre pobres e ricos, com pelo menos 3 bilhões de pessoas sendo obrigadas a servir-se de água contaminada, às vezes derivada de rios que recebem esgoto doméstico sem tratamento. O resultado, de acordo com a OMS (Organização Mundial da Saúde), é que mais de 5 milhões de mortes anuais são ocasionadas por doenças de veiculação hídrica e pelo menos 1,25 bilhão (cerca de 20% da população mundial) permanece sem acesso à água potável e ao saneamento. Um total que, segundo projeções de especialistas, pode chegar, em vinte anos, a 3,5 bilhões de pessoas: ou seja, metade da população mundial esperada para o ano de 2025.

Essa previsão sombria tem como base as atuais taxas de crescimento econômico e a cobertura de saneamento dos países em desenvolvimento e dos subdesenvolvidos, onde o aumento da população geralmente não é acompanhado por melhorias equivalentes na rede de tratamento e de distribuição de água e esgotos, multiplicando os problemas decorrentes da superexploração, poluição ou má gestão dos recursos hídricos disponíveis. Megalópole com mais de 20 milhões de habitantes, a Cidade do México está afundando, literalmente, devido à retirada excessiva de água do subsolo, além do fato de ter sido erguida sobre um terreno pantanoso. Em Bangladesh, na Ásia, a poluição de seus aqüíferos – relacionada à superexploração e à redução da recarga – está elevando os riscos à saúde de 75 milhões de habitantes, sendo que 1,2 milhão já apresentaram sinais de intoxicação. Mesmo nos países do primeiro mundo, o problema se faz presente. Metade das cidades européias já explora águas subterrâneas acima da capacidade de reposição natural. A crise mundial da água é tão presente em nossos dias que já gera conflitos entre países que compartilham o uso de rios e aqüíferos subterrâneos. É o caso do aqüífero do deserto do Saara, na África, que opôs Líbia, Argélia e Tunísia. Embora os dois últimos países não estejam explorando o aqüífero, questionam o direito da Líbia de retirar a água de todos para usufruto próprio.

O Brasil possui o maior aqüífero subterrâneo do mundo, o Guarani. Localiza-se na fronteira com o Paraguai, o Uruguai e a Argentina e tem ao todo 1,2 milhão de quilômetros quadrados, sendo que a maior parte fica em nosso território (cerca de 840 mil quilômetros quadrados), abrangendo os estados de Goiás, Mato Grosso do Sul, Minas Gerais, São Paulo, Paraná, Santa Catarina e Rio Grande do Sul. O Guarani é uma importante reserva estratégica para o abastecimento da população e para o desenvolvimento das atividades econômicas no estado de São Paulo, onde já é explorado por mais de mil poços. Ganha mais importância à medida que as represas Guarapiranga e Billings, que abastecem milhões de paulistanos, se encontram com suas margens invadidas e a qualidade da água em processo de degradação. As grandes preocupações dos dias de hoje são evitar a contaminação da água subterrânea e a superexploração do aqüífero com o conseqüente rebaixamento do lençol freático, pois isso causaria impacto nos corpos d'água superficiais. Cientes de sua importância, países da América do Sul já disputam a utilização do Guarani. Até mesmo empresas multinacionais têm manifestado interesse no uso dos recursos desse aqüífero.

No Brasil, a poluição da água tem afetado diretamente moradores de regiões metropolitanas, principalmente as de menor poder aquisitivo que dependem exclusivamente da água oferecida pela rede pública de saneamento, muitas vezes ineficiente. Afeta até os turistas que vão ao litoral, já que não é recomendável entrar no mar sem consultar nos jornais do dia a qualidade da água daquele ponto – os emissários submarinos que deveriam jogar o esgoto longe da costa nem sempre funcionam a contento. Rios que cortam grandes cidades há muito deixaram de receber competições de natação. É o caso do Tietê, em São Paulo, que passa por um longo e polêmico processo de limpeza e aprofundamento de sua calha. Mas é nos reservatórios de água usados para abastecimento público que o problema mostra-se mais grave, com a ocorrência freqüente de florações de algas. Novamente a capital paulista serve de exemplo clássico, em função do crescimento populacional, quase sempre irregular, em suas margens. Só nas duas maiores represas da Grande São Paulo, a Billings e a Guarapiranga, estima-se que quase 1 milhão de pessoas vivam hoje em áreas invadidas e sem estrutura de saneamento básico. Com o lançamento de esgoto doméstico *in natura*, os corpos hídricos têm se tornado cada vez mais ricos em nutrientes. Assim, o meio favorece a proliferação excessiva das algas, que se tornaram freqüentes nos últimos vinte anos. Há inúmeros trabalhos que relatam mortandade de animais domésticos e selvagens, e intoxicação humana devido ao consumo de água contendo algas ou toxinas liberadas nas florações. Esse problema ficou mais conhecido em 1996, após uma intoxicação em massa em uma clínica de hemodiálise em Caruaru, no estado de Pernambuco. Ao menos sessenta pacientes morreram após contaminação com toxinas presentes na água utilizada nos aparelhos de hemodiálise. Após esse evento, o Ministério da Saúde baixou uma portaria estabelecendo limites máximos permitidos de toxinas nas águas destinadas a consumo humano.

Casos como esse evidenciam que estamos tratando com descaso um recurso natural finito que é cada vez mais valorizado no mundo. Recurso que ainda é abundante no Brasil, detentor de cerca de 15% da água doce do planeta, sendo o maior volume contido em apenas seis bacias hidrográficas: Amazonas, Tocantins, São Francisco, Paraná, Paraguai e Uruguai. O que a natureza nos deu, o homem está destruindo, despejando esgotos não tratados, dejetos industriais e produtos químicos usados na agricultura diretamente nos cursos d'água – que, para alguns, lamentavelmente, ainda são considerados a "lata de lixo" da nossa sociedade. Em países do terceiro mundo, o resultado dessa equação é quase sempre o mesmo: doenças. Nesses países mais da metade das internações em hospitais têm como causa a água poluída. Segundo dados divulgados recentemente pela Secretaria Nacional de Saneamento Ambiental, órgão do governo federal, a proporção de habitantes das áreas urbanas atendidos por rede de esgoto recuou entre 2001 e 2003 – quando apenas 50,6% dos brasileiros tinham suas residências ligadas à rede. Estimativas do Ministério das Cidades apontam que, para universalizar, em vinte anos, o atendimento em saneamento no Brasil, seriam necessários investimentos públicos (federais, estaduais e municipais) da ordem de 120 bilhões de reais. É muito dinheiro, principalmente se levarmos em consideração que, em 2003, a verba total gasta para essa finalidade foi de 1,2 bilhão de reais. Nesse ritmo, se as cidades parassem de crescer, levaríamos cem anos (!) para atender todo o país.

Poluição sonora

Considera-se poluição sonora a produção de sons, ruídos ou vibrações em desacordo com os parâmetros definidos na legislação e que trazem danos à saúde humana. A nocividade é maior ou menor conforme a duração, intensidade e repetição do ruído. Na maior parte dos casos, o efeito é ameno, com sons que apenas perturbam o sossego e causam mau humor, como o barulho do trânsito ou de uma obra na casa vizinha. Mas há situações graves, sentidas, por exemplo, por quem mora em áreas próximas a aeroportos. Há relatos médicos de queda na produtividade física e mental e até casos de pessoas que desenvolveram doenças cardíacas em situações como essa.

Uma pesquisa realizada em julho de 2005, pelo jornal *Folha de S. Paulo*, sob a orientação de especialistas em acústica, em doze pontos da capital paulista, mostrou que permanecer nas proximidades de alguns dos cartões-postais mais conhecidos da cidade é como ficar ao lado de um liquidificador ligado – uma experiência que provavelmente encontraria resultados similares em outras grandes capitais brasileiras. No aeroporto de Congonhas, o mais movimentado do Brasil, a média de ruído foi de 87,4 dB (decibéis), com picos de 109,5 dB no momento do pouso dos aviões. Um liquidificador ligado atinge 85 dB. Durante o dia, a legislação brasileira permite em área urbana um ruído de até 65 dB, o limite máximo tolerável determinado pela OMS (Organização Mundial da Saúde). Acima disso, o nosso organismo sofre de estresse, o que aumenta o risco de desenvolvermos doenças. Médicos dizem que a partir de 70 dB aumenta a probabilidade de desenvolver problemas cardiovasculares. Em ambientes em que a média de ruído chega a 85 dB, começa a progressiva perda de audição. O barulho constatado nesses conhecidos locais da capital paulista, como a praça da Sé e o viaduto do Chá, é maior até do que o limite previsto para zonas industriais, de 70 dB. Em algumas das maiores avenidas da capital paulista, o ruído chegou a 80 dB.

Mesmo capitais que gozam de boa reputação em qualidade de vida, se examinadas de perto, revelam graves problemas de poluição sonora. Pesquisa recente realizada em oito zonas residenciais tradicionais da cidade de Belo Horizonte (MG) apontou uma alta taxa de ruído. O incômodo ocorre até mesmo em áreas onde há hospitais e escolas, atingindo valores tão altos quanto os das principais capitais mundiais, o que mostra uma grande indefinição no planejamento atual da cidade.

Os efeitos da poluição sonora são maiores em países tropicais, como o Brasil, onde as pessoas estão mais desprotegidas por causa do frágil isolamento acústico das casas e apartamentos, já que o clima não exige janelas de vidros duplos.

Poluição visual

Poluição visual é a degradação da paisagem que provoca incômodo visual, uma "agressão" aos olhos do cidadão. Pode ser o lixo espalhado pelas calçadas, pichações em muros (não confunda com grafites, hoje considerados uma forma de arte), outdoors em excesso, placas publicitárias em desacordo com a legislação (geralmente maiores e mais luminosas que o permitido), fios elétricos em profusão e, nos anos de eleição, cartazes, folhetos e pôsteres espalhados por todos os cantos. Muitas vezes, esse material impresso acaba causando um outro problema: com as chuvas, os papéis entopem os bueiros, provocando alagamentos nas ruas, efeito verificado com freqüência nas grandes capitais brasileiras. Astrônomos, baseados em cidades européias, norte-americanas e japonesas, relataram recentemente um novo tipo de poluição visual, a luminosa, causada pelo excesso de brilho artificial produzido pelo homem em centros urbanos. Ela prejudica a visibilidade noturna dos corpos celestes, dificultando o estudo de estrelas e a correta identificação de astros na Via Láctea. A Sociedade Real de Astronomia, na Grã-Bretanha, estuda medidas para reduzir a iluminação pública em determinadas regiões em certos horários, de forma a não interferir no trabalho dos astrônomos.

Poluição radioativa e eletromagnética

Desde que a radioatividade foi descoberta, no final do século XIX, o homem vem ampliando sua utilização em atividades que vão da medicina (na radioterapia, como agente destrutivo de tumores cancerosos) à arqueologia (para calcular a idade de objetos antigos, como fósseis), sem deixar de mencionar o que é considerado seu principal uso no futuro, quando as reservas de petróleo e carvão se tornarem ainda mais escassas: a geração de energia nuclear. Mas esse benefício implica riscos, pois a radioatividade pode também representar perigo à vida humana, como foi visto em 1986 no acidente nuclear de Chernobyl, na Ucrânia, quando 28 pessoas morreram e milhares sofreram posteriormente os efeitos tardios da radiação. Mas não são apenas essas situações de exceção que preocupam. A maior utilização desse modelo energético está causando o aparecimento de um novo tipo de resíduo tóxico, o lixo nuclear. De acordo com o governo norte-americano, no final da década de 1980, somente aquele país tinha armazenado em tanques especiais de aço entre 300 e 400 milhões de litros de resíduos radioativos, material que precisa ser guardado por pelo menos mil anos antes de se tornar inofensivo. É um valor que cresce a cada década, principalmente entre os países desenvolvidos, aqueles que mais necessitam de fontes de energia alternativa e possuem hoje mais de quatrocentas usinas nucleares em operação. É também uma preocupação brasileira desde 1987, um ano após o vazamento de Chernobyl, quando a cidade de Goiânia, no Centro-Oeste, viveu o maior acidente nuclear da história do país, com quatro mortes registradas oficialmente. Os efeitos do acidente com a cápsula de césio 137 até hoje não são totalmente conhecidos pelas autoridades, que estimam em pelo menos 621 as vítimas que sofreram os efeitos tardios da radiação.

Nos últimos anos, cientistas de todo o mundo têm se dedicado a estudar os malefícios à saúde humana provocados pela poluição eletromagnética, cada vez mais comum nas grandes cidades. As fontes de radiação estão principalmente nos telefones celulares, linhas de transmissão de dados e nas antenas de rádio e televisão. Ainda há poucos estudos relacionando esse tipo de poluição a uma maior incidência de doenças como câncer e leucemia infantil, mas a comunidade científica não descarta que o acúmulo dessas ondas eletromagnéticas possa ser nocivo a longo prazo.

Lixo doméstico

O estado de São Paulo atingiu em 2005 a marca de 40 milhões de habitantes. É uma multidão que estuda, trabalha, se alimenta e se diverte todos os dias do ano. E em todas essas atividades ocorre a geração de lixo. Pode ser o papel amassado que foi para a cesta de lixo ou os restos de alimentos que não foram aproveitados em sua casa. Mas alguma vez você já parou para pensar na quantidade de lixo que produz? É algo em torno de 1,5 quilo por dia. Multiplique por 365 e tente imaginar o volume de resíduos que você produziu no último ano. Multiplicando pela população de sua cidade ou de seu estado é fácil perceber por que a disposição do lixo doméstico tem se tornado um problema cada vez maior para o Poder Público. E para a população, porque, mesmo no estado mais rico do Brasil, essa montanha de dejetos não recebe o tratamento ideal: em 2002, quase um terço das 645 cidades paulistas ainda operavam seus aterros de resíduos domiciliares em condições inadequadas, segundo um inventário elaborado pela Cetesb na época.

A situação está melhorando, mas ainda é preocupante. Hoje, 45,1% dos municípios do estado operam os aterros em condições adequadas.

No restante do Brasil, os índices também são preocupantes, apesar de apresentarem uma melhora parcial a cada ano. A Pesquisa Nacional de Saneamento Básico, realizada em 2000 pelo IBGE, revela uma tendência de melhora da situação de destinação final do lixo coletado no país. Na época, o lixo produzido diariamente no país chegava a 125.281 toneladas, sendo que 47,1% era destinado a aterros sanitários, 22,3% a aterros controlados e apenas 30,5% a lixões. Ou seja, mais de 69% de todo o lixo coletado no Brasil tinha um destino final adequado, em aterros sanitários ou controlados. Todavia, em número de municípios, o resultado não é tão favorável: 63,6% utilizavam lixões e 32,2%, aterros adequados, sendo que 5% não informou para onde vão seus resíduos. Dez anos antes, pesquisa semelhante mostrou que o percentual de municípios que vazavam seus resíduos de forma adequada era de apenas 10,7%, o que mostra o avanço obtido.

O fato de persistirem locais com o recolhimento ou o tratamento inadequado dos resíduos sólidos pode resultar no aumento de doenças como a cisticercose, o cólera, a giardíase e mais comumente a disenteria. Também afeta a qualidade das águas subterrâneas e dos mananciais com o chorume, líquido resultante da degradação natural do lixo. Os dejetos lançados pela população nos córregos também impedem o fluxo normal da água, sendo uma das principais causas das enchentes urbanas. O acúmulo de detritos a céu aberto gerou nos últimos anos um novo tipo de trabalhador urbano: os catadores de lixo, gente que encontrou numa atividade degradante um emprego informal. É comum vê-los em festas ao ar livre, shows e praias, sempre munidos de grandes sacos plásticos recolhendo latinhas de alumínio, que depois serão vendidas para empresas especializadas em reciclagem. Uma variação com conseqüências mais graves à saúde humana são os catadores que atuam nos lixões, muitas vezes recolhendo restos de alimentos estragados para consumo próprio. Em 2002, a Cetesb registrou a presença de 1854 catadores atuando nos lixões, dos quais 98 eram crianças com menos de catorze anos.

Há soluções para esses problemas. É preciso, em primeiro lugar, que o Poder Público tenha um sistema de coleta e tratamento adequado de todo o lixo domiciliar produzido na região. Mas a população também pode ajudar, conscientizando-se da importância da reciclagem – que deve ser coordenada pelas prefeituras – e revendo hábitos de consumo de forma a reduzir ao mínimo possível a produção de lixo. No último capítulo deste livro, vamos retomar esse assunto.

2

Os efeitos da poluição no homem

Quem mora em grandes cidades fica exposto diariamente a diversas fontes de poluição que provocam efeitos maléficos à saúde a curto e longo prazo. As pesquisas científicas que procuram entender como se dá a ação dos poluentes no corpo humano são relativamente recentes e ainda há muito o que se estudar. Mas já é possível estabelecer relações de causa e efeito entre alguns elementos tóxicos e determinadas doenças, principalmente quando o assunto é poluição do ar, uma das mais danosas à saúde humana. Os gases nocivos mais comumente encontrados nesses ambientes são o material particulado – conjunto de poeira e fumaça preta emitido principalmente por caminhões –, o CO – gerado pelos automóveis –, o SO_2 – que sai das chaminés das fábricas – e o O_3, resultado de uma reação química de outros poluentes com a luz solar. Eles estão dispersos pela atmosfera e são absorvidos de maneiras diferentes pelo homem através da respiração.

O material particulado, por exemplo, divide-se. As partículas mais grossas ficam retidas na parte superior do sistema respiratório. As mais finas podem atingir os alvéolos pulmonares, localizados na região mais profunda do sistema respiratório, ocasionando alergias, asma e bronquite crônica. Estima-se que a exposição ao material particulado provoque a morte de 100 mil pessoas a cada ano na Europa. Já o CO está associado à capacidade que os glóbulos vermelhos do sangue têm de transportar oxigênio ao resto do corpo. Quando está em excesso no organismo pode provocar uma redução da capacidade de trabalho e de praticar exercícios físicos e até mesmo agravar o quadro de portadores de doenças cardíacas. Grandes concentrações desse gás estão associadas a prejuízo dos reflexos e do raciocínio, como a capacidade de estimar intervalos de tempo. Em grandes concentrações, o monóxido de carbono pode ser letal. Veja esse exemplo hipotético: se um carro ficar ligado em uma garagem fechada de 4 metros de comprimento, 4 metros de largura e 2,5 metros de altura (formando um ambiente de 40 mil litros), durante aproximadamente dez minutos, o volume de CO produzido terá atingido a quantidade letal. Nesse caso, a morte de um homem que estivesse nessa garagem ocorreria por asfixia.

O SO_2 é um gás irritante para as mucosas dos olhos e das vias respiratórias, provocando efeitos agudos e crônicos na saúde humana, essencialmente no aparelho respiratório, quando emitido em concentrações elevadas. Problema cada vez mais grave em cidades com intenso tráfego de veículos, o O_3 é um poluente de difícil controle, pois depende não apenas das emissões de outros gases, mas também de fatores climáticos. O ozônio é considerado um poluente secundário, formado pela incidência de luz solar que promove a quebra das moléculas dos hidrocarbonetos liberados na combustão de gasolina, diesel e outros combustíveis. Quanto maior a luminosidade, maior a porcentagem de quebra de moléculas na atmosfera. Sua formação é favorecida pela incidência de luz solar e também por períodos longos de ausência de vento. Mesmo em baixa concentração pode causar efeitos sérios à saúde humana: irritação dos olhos, nariz e garganta, envelhecimento precoce da pele, náusea, dor de cabeça, tosse, fadiga, aumento do muco, diminuição da resistência orgânica às infecções e agravamento de doenças respiratórias. Os efeitos maléficos da exposição ao ozônio são maiores durante a prática de exercícios físicos, quando pode ocorrer uma sensível redução da capacidade respiratória. É por isso que os médicos das grandes cidades não recomendam a prática de ginástica ao ar livre nos horários de maior incidência de luz solar, entre as treze e as dezesseis horas.

Não é apenas o ozônio que depende de outros fatores climáticos para ter um efeito maior ou menor sobre a saúde humana. É preciso considerar que mudanças do clima são importantes vetores de dispersão da poluição atmosférica. Em 2004, a melhoria da qualidade do ar no estado de São Paulo foi atribuída pela Cetesb às chuvas e aos ventos. Eles "limparam" o ar dos municípios paulistas, que registraram por menos vezes padrões ruins de qualidade do ar, em comparação com 2003.

Entre as pesquisas que tratam dos efeitos da inalação desses gases poluidores, realizadas em todo o mundo, vale a pena citar algumas. Em 2004, um estudo publicado pelo *New England Journal of Medicine* apontava que pessoas expostas a altos níveis de poluentes no período de crescimento têm capacidade pulmonar menor que as criadas em áreas "limpas". A diferença entre grupos expostos e preservados de ambientes poluídos chega a até cinco vezes. Na mesma época, o Instituto Nacional do Câncer dos Estados Unidos divulgou uma pesquisa em que mostrava que dois terços dos casos de câncer no país têm como causa fatores ambientais. Um estudo recente da OMS tentou calcular o tamanho do estrago desses gases. Chegou a uma conta mórbida: cerca de 6,4 milhões de anos saudáveis de vida são perdidos no mundo todo. Em cálculo semelhante, o Laboratório de Poluição Atmosférica Experimental da USP também fez estimativas para a cidade de São Paulo e chegou à conclusão de que, hoje em dia, os paulistanos perdem dois anos de vida por morar em uma cidade poluída.

Quem trabalha sob condições adversas está mais suscetível aos fatores de risco. É o caso dos 1500 "marronzinhos", os agentes de trânsito da CET (Companhia de Engenharia de Tráfego) da prefeitura paulistana, que ficam expostos por até dez horas diárias à fumaça dos carros. Chegam em casa com os olhos ardendo e a roupa suja. Mas são os efeitos de longo prazo à saúde que preocupam mais. Em uma pesquisa feita com cinqüenta marronzinhos da CET, não fumantes e sem doenças prévias, o Instituto do Coração de São Paulo constatou que todos apresentavam elevação da pressão arterial e variação da freqüência cardíaca nos dias de maior poluição atmosférica. A longo prazo, segundo o estudo, os agentes estão sujeitos a infarto do miocárdio e derrame cerebral. Deles, 33% apresentaram condições típicas de fumantes – redução da capacidade pulmonar e inflamação freqüente dos brônquios. E quem imagina que esses efeitos atingem apenas aqueles que passam horas à beira de avenidas movimentadas está enganado.

Outra pesquisa, feita em 2002 com corredores habituais do parque do Ibirapuera, utilizou dados da estação local de medição dos poluentes no ar da Cetesb para mostrar que pessoas ativas e com a saúde em dia também sofrem dos mesmos sintomas detectados na pesquisa com os agentes da CET – diminuição da capacidade pulmonar, alteração da freqüência cardíaca e elevação da pressão sangüínea. Correr por volta da hora do almoço em dias ensolarados em parques no meio de grandes cidades pode ser maléfico à saúde, já que a concentração de ozônio é grande. Muitas vezes, os sintomas não são sentidos imediatamente, mas os efeitos se acumulam no organismo e podem ocasionar doenças ao longo dos anos.

Em ambientes fechados, a poluição também afeta a qualidade de vida das pessoas. Um caso muito comum é a fumaça exalada dos cigarros, que afeta até mesmo quem não fuma. Os chamados fumantes passivos ficam sujeitos a desenvolver câncer de pulmão, doença que pode levar à morte. Engana-se, portanto, quem acha que o cigarro só traz prejuízos aos fumantes. Estudo da OPAS (Organização Pan-Americana de Saúde) realizado em sete grandes cidades da América Latina mostra que o Rio de Janeiro tem um dos mais altos níveis de nicotina dentro de restaurantes, apesar de ter a menor proporção de fumantes em relação à população total do município (17,5%), entre os países analisados.

Nem todo mundo é afetado igualmente pela poluição do ar, mesmo que não haja diferença de ambiente. Também é difícil separar qual é a contribuição dos gases que saem dos carros e das fábricas do que é expelido pelos cigarros na composição final desse coquetel venenoso que respiramos. Porém, é possível afirmar que as crianças e os idosos são mais afetados do que o restante da população. As crianças porque são mais ativas e têm um metabolismo mais rápido do que o dos adultos. Também ficam mais tempo fora de casa e acabam inalando mais poluentes. Os idosos porque, durante a vida, podem ter sobrecarregado o sistema cardiovascular. Quando o ar está com a composição alterada, os mais velhos precisam fazer um esforço maior para inalar a mesma quantidade de oxigênio que os mais jovens – o que pode levar a uma parada cardíaca. Veja quais são os principais gases que poluem o ar das grandes cidades e seus efeitos à saúde humana e ao ambiente:

Poluente:	Partículas inaláveis e fumaça preta
Fontes principais:	Indústrias e automóveis
Efeitos sobre a saúde humana:	Aumento de atendimentos hospitalares e mortes prematuras, além de maior propensão ao desenvolvimento de câncer e de doenças respiratórias, como bronquite e asma
Efeitos sobre o ambiente:	Danos à fauna e à vegetação e contaminação do solo

Poluente:	SO_2 (dióxido de enxofre)
Fontes principais:	Veículos a diesel e refinarias de petróleo
Efeitos sobre a saúde humana:	Agravamento de doenças respiratórias e cardiovasculares
Efeitos sobre o ambiente:	Pode levar à formação da chuva ácida, causando corrosão de materiais e danos à vegetação

Poluente:	NO_2 (dióxido de nitrogênio)
Fontes principais:	Processos de combustão envolvendo queima de combustíveis, incinerações e indústrias
Efeitos sobre a saúde humana:	Reduz a resistência às infecções respiratórias e aumenta a sensibilidade à asma e à bronquite
Efeitos sobre o ambiente:	Pode levar à formação da chuva ácida

Poluente:	CO (monóxido de carbono)
Fontes principais:	Combustão incompleta em automóveis
Efeitos sobre a saúde humana:	Altos níveis de CO estão associados a prejuízo dos reflexos e do raciocínio, como por exemplo a capacidade de estimar intervalos de tempo
Efeitos sobre o ambiente:	Altera o processo de respiração da fauna e da flora

Poluente:	O_3 (ozônio)
Fontes principais:	Não é emitido diretamente na atmosfera. É produzido pela reação fotoquímica de outros poluentes quando submetidos à luz solar
Efeitos sobre a saúde humana:	Irritação nos olhos e vias respiratórias e diminuição da capacidade pulmonar. Altas concentrações podem resultar em sensações de aperto no peito, tosse e chiado na respiração
Efeitos sobre o ambiente:	Danos à fauna, às colheitas e à vegetação

3

Como chegamos até aqui

Vimos até aqui que a humanidade já está sofrendo as conseqüências da má gestão dos recursos naturais do planeta. E os prognósticos para o futuro são ruins. Tudo isso nos leva a pensar: onde foi que erramos? Essa é uma pergunta importante para compreender melhor o passado e evitar cometer os mesmos erros daqui para frente, além de nos ajudar a definir políticas públicas e a mudar hábitos arraigados, individuais e coletivos, que concorrem para o aumento da poluição e a degradação da qualidade de vida nos ambientes urbanos.

Desde que começou a jornada do homem na Terra, há mais de 3 milhões de anos, as civilizações encontraram os meios de sobrevivência e de produção mais adequados à sua época. A criação dos primeiros assentamentos permanentes só foi possível porque o homem dominou a agricultura e a domesticação de animais. Nesses assentamentos, os habitantes desenvolveram línguas para se comunicar e ferramentas de trabalho. A produção de alimentos superou a necessidade das comunidades locais, algo raro até então. Ao mesmo tempo, o homem tentava solucionar os problemas que surgiam com a expansão de sua ocupação, como a questão do saneamento básico.

As primeiras cidades de que se tem registro datam de 3000 a.C., na Mesopotâmia, ao lado do rio Eufrates, no Oriente Médio. Depois, desenvolveram-se núcleos urbanos nas regiões onde hoje estão Egito e China. Pode-se dizer que eram apenas grandes comunidades com até 10 mil habitantes. Mas foi no apogeu das civilizações grega e romana que nasceram as cidades-Estado, com agrupamentos de até 1 milhão de pessoas. A primeira preocupação desses povos era disponibilizar água potável. Além de erguer suas cidades junto ao leito de rios, os romanos construíram aquedutos e desviaram cursos d'água para aproximar fontes distantes de suas cidades. Algumas civilizações fizeram reservatórios públicos e coletavam água da chuva. Outro problema a ser resolvido era a coleta de lixo, inexistente na maior parte das cidades até então. O resultado era a proliferação de doenças que atingiam milhares de pessoas, elevando a taxa de mortalidade. Problemas como esses se mantiveram até a Idade Média, gerando epidemias que matavam uma grande quantidade de pessoas. A peste negra, que se alastrou devido às péssimas condições de moradia e higiene, matou 40% da população de Constantinopla e 25 milhões de pessoas em toda a Europa.

Foi durante o século XVIII, no início da Revolução Industrial, que os problemas urbanos se agravaram.

As cidades incharam rapidamente com as migrações que traziam do campo a mão-de-obra responsável por movimentar, com a queima do carvão, as máquinas a vapor das tecelagens – lançando grande volume de gases tóxicos à atmosfera. O homem intensificava suas atividades industriais – e conseqüentemente a emissão de poluentes. No relógio da civilização moderna, foi tudo muito rápido. Em apenas um século, entre 1600 e 1700, a população da Inglaterra passou de 4 milhões de habitantes para 9 milhões! Fábricas foram construídas em diversas áreas das cidades européias, o que levou os funcionários a se instalarem em bairros residenciais nas redondezas, mesmo que não houvesse instalações sanitárias adequadas – e não havia mesmo. Nem mesmo os bairros de elite, que abrigavam a burguesia, dispunham de água e esgoto. Mais uma vez, as conseqüências foram a propagação de doenças e o aumento da taxa de mortalidade.

A deterioração da qualidade de vida levou o homem a pensar na reformulação dos espaços urbanos. A burguesia, detentora do poder político, necessitava de novos cenários para a sua definição como classe influente e poderosa. Deterioradas pelas instalações industriais e pelo aumento da densidade populacional em função da migração vinda do campo para atender a demanda de mão-de-obra, as cidades não eram mais lugares agradáveis para se viver. Londres foi alvo de uma reestruturação, logo seguida por outras capitais européias, que valorizava praças e parques, formando áreas verdes que até hoje são motivo de orgulho dos habitantes da megalópole inglesa. Em Paris, o conceito adotado foi o da reurbanização. O mote de seu idealizador, o Barão Haussman, era a higienização, o saneamento. A premissa básica era construir habitações com mais ar e sol e melhorar a acessibilidade aos diversos setores da cidade. Diversas regiões da velha Paris foram remanejadas, dando lugar aos bairros de classe média e alta, com amplas vias arborizadas, um sistema de grandes avenidas pavimentadas e parques regionais. Estava criada a Paris emblemática, conhecida como a "cidade-luz".

Com o relativo sucesso que obtiveram entre a classe dominante, os modelos francês e inglês logo se propagaram por toda a Europa e a América do Norte. Décadas depois, já no início do século XX, a cidade do Rio de Janeiro – então a capital da República, conhecida como o "túmulo dos estrangeiros", por causa do alto índice de contágio de doenças como a febre amarela, a malária, a varíola e a peste bubônica, entre outros males – também passou por uma revolução urbanística inspirada nos ideais europeus. Nas suas ruas estreitas, encontravam-se, lado a lado, estábulos, cortiços imundos e casas residenciais de médio e alto padrão. Quiosques vendiam alimentos sem a menor condição de higiene em ruas imundas e sob um calor sufocante, ambiente ideal à proliferação de insetos que afugentavam turistas e imigrantes. Houve um esforço conjunto para combater as doenças e adaptar a cidade à nova realidade. Bairros inteiros foram remodelados, avenidas foram construídas e a rede de saneamento foi ampliada a todas as regiões do município.

Com o fim da Segunda Guerra Mundial, já na metade do século XX, as cidades assistiram a um novo capítulo da sua evolução, com a internacionalização da arquitetura e dos modelos urbanísticos, a massificação dos conjuntos habitacionais e principalmente com as intervenções dando ênfase aos sistemas viários, talvez uma das mais radicais mudanças urbanísticas dos últimos séculos. Radical porque as ruas e avenidas que rasgavam os vales e a vegetação nativa vinham acompanhadas do desenvolvimento do transporte automotivo, o coletivo e o individual, que gerou nas décadas seguintes uma mudança estrutural com a troca definitiva da matriz energética preferencial do homem. O resultado prático foi o aumento de nossa dependência ao petróleo e a seus derivados, que se aprofunda até os dias de hoje.

Durante a Revolução Industrial, o carvão, que alimentava as máquinas da transformação econômica e social, era a única matriz energética disponível na Europa com uma relação de custo-benefício adequada aos empresários, dada a sua disponibilidade e facilidade de obtenção na natureza. Um bom cenário ilustrativo das conseqüências da queima do carvão nas cidades inglesas pode ser encontrado nos livros de Charles Dickens: as cidades de tijolos envoltas por uma nuvem negra de fuligem e as chaminés fumegantes como pano de fundo. Depois, no final do século XIX, surgiram as grandes centrais produtoras de energia elétrica, que possibilitaram a ampliação das linhas de produção com uma grande vantagem ambiental: era uma energia limpa e renovável. Mas é o uso do petróleo em larga escala pela humanidade, associado à expansão dos automóveis, nos últimos cinqüenta anos, que demarca uma profunda transformação social e econômica com todas as repercussões ambientais e para a saúde humana já analisadas neste livro (ver capítulo 2).

Passados três séculos desde a Revolução Industrial, o descompasso entre o que o homem sonhou para suas cidades e o que existe é imenso, principalmente nos países subdesenvolvidos: sub-habitações, poluição generalizada, infra-estrutura de saneamento precária, deficiência no transporte coletivo e um crescimento populacional e urbanístico que parece não ter fim. Os problemas se agravam à medida que as cidades e a demanda de seus habitantes crescem. Os urbanistas já analisam o fenômeno da conurbação – o momento em que cidades vizinhas expandem tanto suas fronteiras que elas se juntam umas às outras, formando megalópoles de milhões de habitantes e tornando mais difícil um planejamento adequado de infra-estrutura que atenda a população. Nesses casos em que a demanda dos moradores de uma região é muito maior do que a capacidade dos governantes de supri-la, a população de baixa renda acaba arcando com o prejuízo social de forma mais intensa.

Resultado do processo de industrialização e urbanização rápida e mal planejada e da falta de recursos do Estado para prover o bem-estar social a toda a população, problema comum à maioria dos países subdesenvolvidos, a favela revela em suas ruas escuras e sem asfalto a face mais cruel da desigualdade social. Podem ser os *kampungs* da Indonésia, as *townships* da África do Sul ou as favelas-cidades nos morros do Rio de Janeiro: em todos esses casos, a pobreza e a falta de infra-estrutura (principalmente de saneamento básico) produzem graves danos ambientais para a coletividade e para a saúde de seus habitantes e de quem vive em áreas próximas. Segundo dados da ONU, 31,6% dos habitantes de cidades do mundo inteiro vivem em favelas. Considerando apenas as regiões em desenvolvimento, esse número chega a 43%. Na região subsaariana, a mais pobre da África, sete em cada dez habitantes de áreas urbanas vivem em favelas. Na América Latina, a proporção é de um em cada três habitantes. Divulgado em 2003, o documento da ONU "O desafio das favelas – Relatório global sobre assentamentos humanos" indica que 1 bilhão de pessoas vivem em favelas no mundo – um sexto da população mundial. É um número surpreendentemente alto, propenso a crescer ainda mais. Pelas projeções, o número de favelados deverá dobrar nos próximos trinta anos.

A recente favelização do litoral norte de São Paulo exemplifica a questão. É uma população formada majoritariamente por migrantes de outros estados que trabalharam na construção de casas de veraneio. De início, se instalaram junto às obras. Como os meses se passavam e o boom imobiliário do litoral nos anos 1980 oferecia novas oportunidades de emprego, esses trabalhadores acabaram se instalando irregularmente nos morros da Serra do Mar em precárias casas de madeira, que aos poucos foram transformadas em casas de alvenaria. Hoje, cerca de um terço dos habitantes dos quatro municípios do litoral norte vive em loteamentos clandestinos ou irregulares, a maioria em favelas erguidas em áreas verdes e protegidas, já que 80% do território litorâneo do estado de São Paulo é considerado zona de preservação ambiental. A velocidade com que se deu essa ocupação é preocupante. Caraguatatuba, um desses quatro municípios, teve sua população aumentada em 1346% apenas nos últimos cinqüenta anos. O resultado desse crescimento é a falta de uma rede de saneamento básico adequada – na prática, isso se traduz na piora da balneabilidade das praias da região, além de conseqüências mais a longo prazo, como a contaminação do lençol freático e de poços artesianos e a destruição da mata nativa e de sua biodiversidade.

É correto dizer que enquanto se urbanizou aceleradamente, o Brasil avançou em indicadores sociais e de infra-estrutura. Nos últimos 45 anos, o IBGE registrou um aumento expressivo no número de domicílios atendidos pela rede de abastecimento de água, mudança essencial para a redução de doenças e a melhoria da qualidade de vida. A rede distribuidora de água, que atendia 21% da população brasileira em 1960, passou a atender 78% da população em 2000. Já o sistema de esgoto cresceu de 14% para 47%, no mesmo período. Foi uma transformação expressiva, porém insuficiente para suprir a necessidade. Mesmo nas áreas urbanas uma parcela significativa (44%) da população continuava sem esgoto em 2000, segundo dados do IBGE, o que evidencia a necessidade de um esforço ainda maior por parte dos órgãos do governo.

Recuperando os ideais que inspiraram a criação das primeiras cidades, centros que deveriam conjugar atividades de lazer do cidadão, habitação e a produção de alimentos, bens e riquezas, e revendo o processo histórico que nos trouxe até aqui, urbanistas de todo o mundo apostam no planejamento urbano como mola propulsora de um futuro melhor para as cerca de 5 bilhões de pessoas que viverão em cidades em 2025. A idéia é simples: dividir o plano urbano em áreas diferenciadas, levando em consideração a vocação de cada uma. Mas a implantação dessa idéia não é fácil. Não faz sentido, por exemplo, instalar indústrias poluentes, que emitem fumaça e produzem ruídos altos, em uma estância turística à beira-mar. Tampouco seria recomendável construir escolas muito próximas de centros industriais. É tudo uma questão de bom senso, que muitas vezes é deixado de lado em detrimento de argumentos financeiros ou políticos.

Outro ponto de consenso entre urbanistas é que as sociedades deveriam buscar um desenvolvimento sustentável, que permita o crescimento econômico e a melhoria da qualidade de vida da população sem agredir o ambiente e de forma compatível com a preservação dos recursos naturais. Se esse desenvolvimento não-predatório fosse regra, o mundo economizaria bilhões de dólares em medidas corretivas e milhares de vidas seriam salvas a cada ano. Mas, no mundo globalizado em que vivemos, o desenvolvimento sustentável não é responsabilidade apenas de nosso país, ele faz parte de um planejamento mundial. O problema é que os países ricos deslocam para o terceiro mundo suas indústrias poluentes, consomem mais recursos naturais do que os outros países e não parecem dispostos a mudar de atitude, prejudicando a viabilidade do planejamento necessário.

4

O combate à poluição

Apesar dos problemas que vem gerando, o processo de urbanização em grande escala tende a se intensificar nas próximas décadas em todo o mundo. As regiões metropolitanas, já inchadas, continuarão atraindo mais gente. De acordo com dados do PNUMA (Programa das Nações Unidas sobre Meio Ambiente), a cada ano as 31 megacidades existentes no planeta recebem 60 milhões de novos habitantes, seja por migração ou crescimento vegetativo. É preciso, pois, encontrar alternativas de desenvolvimento sustentável para essas regiões urbanas e soluções para os problemas ambientais decorrentes dessa concentração populacional, que intensificará a demanda por água e multiplicará os problemas decorrentes da superexploração, poluição ou má gestão dos recursos naturais disponíveis na Terra. De uma forma geral, é preciso corrigir os estragos já causados pelo homem e adotar medidas para prevenir a ocorrência de novos danos ao ambiente e à saúde pública. São o que chamamos de ações corretivas e preventivas. Ambas são importantes e devem ser implantadas concomitantemente.

Entre as ações corretivas, destacam-se, no Brasil, as relacionadas à redução das emissões de poluentes pelos automóveis. Para entender o problema, é necessário lembrar que uma série de erros históricos de planejamento acabou por privilegiar, em nosso país, o transporte automotivo rodoviário em detrimento do fluvial e do ferroviário. Com isso, desde os anos 1950, com a chegada da indústria automobilística ao Brasil, fomos acostumados a gostar de carros e a valorizar seu caráter individualista, características importadas da cultura norte-americana. A expansão da frota brasileira é impressionante. Em 1950, tínhamos 426 mil veículos para uma população de 52 milhões de habitantes – uma relação de 122 pessoas por carro, segundo dados da ANTP (Associação Nacional de Transportes Públicos). Vinte anos depois, já tínhamos um veículo para cada trinta habitantes. Cientes de que a poluição ambiental nos centros urbanos era causada predominantemente pela queima de combustível dos veículos automotores, os órgãos governamentais perceberam a necessidade de se criar um programa de controle de emissões veiculares que fosse tecnicamente factível e economicamente viável.

Em 1986, o Conama (Conselho Nacional de Meio Ambiente) lançou o Proconve (Programa de Controle da Poluição do Ar por Veículos Automotores). Fixaram-se limites máximos de emissão que cada categoria de veículo deveria respeitar e um cronograma prevendo a redução gradativa desses valores a cada ano. Para o cumprimento desses índices, a indústria automotiva teve de investir bastante em tecnologia, otimizando o funcionamento dos motores a fim de proporcionar uma queima mais completa do combustível. Em 1992, foram adotados os catalisadores. Em 1997, a injeção eletrônica. Hoje, comparando os veículos novos e os antigos, a diferença de emissões é enorme. Um carro movido à gasolina fabricado antes de 1980 produzia 54 gramas de monóxido de carbono por quilômetro rodado. Já um carro que saiu da fábrica em 2004 produz apenas 0,35 grama de CO por quilômetro – uma redução de 99%! No geral, nesses vinte anos de Proconve, a emissão de poluentes por veículos foi reduzida em cerca de 97%. Estudos da USP sobre os resultados do Proconve mostram que o programa evitou mais de 4500 mortes e 5500 internações hospitalares, trazendo uma economia de até 4 bilhões de dólares aos cofres públicos.

Outra ação corretiva de destaque implantada na cidade de São Paulo é o rodízio de veículos, uma medida dura que prevê a proibição da circulação de parte da frota de veículos durante determinados dias da semana. A primeira versão foi adotada em 1995 pelo governo estadual. A intenção era combater a poluição do ar durante o inverno. Dois anos depois, a prefeitura paulistana adotou a restrição de forma definitiva, em vigor até hoje, multando quem desrespeita a proibição. A diferença é que o rodízio atual só tira os carros de circulação (20% da frota por dia) nos horários de maior movimento de veículos nas ruas, enquanto o programa estadual proibia a circulação durante todo o dia. O resultado prático do rodízio municipal para a melhora das condições do trânsito é maior do que os efeitos ambientais, ainda que a emissão de poluentes caia com a redução dos congestionamentos. Apesar de terem um índice de motorização bem menor do que a capital paulista, outras grandes cidades da América Latina também adotaram rodízios de veículos: Santiago, no Chile, Cidade do México, no México, e Bogotá, na Colômbia.

Londres, a capital inglesa, implantou recentemente uma medida que vem causando polêmica: o pedágio urbano, uma tarifa diferenciada para quem deseja circular por regiões centrais de maior trânsito. É um sistema informatizado, com o uso de chips acoplados ao chassi dos carros, que detecta a passagem dos veículos no centro da cidade. Quem quiser trafegar livremente, paga uma taxa. Os recursos arrecadados com o programa são destinados à melhoria do transporte coletivo da cidade. Em Los Angeles, nos Estados Unidos, as autoridades também foram radicais: determinaram aos fabricantes de veículos automotivos a obrigatoriedade de produzirem, a partir de 2003, um número crescente de veículos com emissão zero de poluentes – índice atingido atualmente somente por carros elétricos.

São avanços importantes, mas é preciso ter em mente que a batalha ainda não está ganha. Em 2000, a relação de brasileiros por veículo caiu ainda mais, para 8,8. Ainda estamos longe dos Estados Unidos, onde a média é de quase uma pessoa por carro, segundo dados coletados pela Anfavea (Associação Nacional dos Fabricantes de Veículos Automotores). Mas, a cada segundo, um caminhão – bem mais poluidor do que os carros de passeio – é produzido no mundo. Hoje, já são 600 milhões em circulação. Quanto mais tempo demorarmos para substituir a matriz energética do planeta e transferir parte dos usuários do transporte individual para o coletivo, mais problemas ambientais geraremos para as futuras gerações.

A produção industrial é outra área em que as ações corretivas vêm encontrando bons resultados. Quem visita hoje em dia as cachoeiras encravadas nas montanhas de Cubatão, município que separa a Grande São Paulo do litoral, terá dificuldades para reconhecer aquele que foi considerado o local mais poluído do mundo, nos anos 1980. Naquela época, em que a prevalência de anencefalia (bebês que nascem sem cérebro) era bem maior do que a média do país como resultado do ar carregado, a atmosfera da região recebia 250 microgramas de partículas por metro cúbico – enquanto o padrão máximo estabelecido por lei é de oitenta para partícula total em suspensão e de cinqüenta para partícula inalável. A piada corrente era que se podia até ver o ar da cidade. A Cetesb (agência ambiental paulista) identificou as principais indústrias poluidoras e exigiu a instalação de filtros e a redução das emissões com alterações nos processos químicos. Os resultados demoraram cerca de dez anos para aparecer, mas hoje já é possível ver novamente os guarás-vermelhos, espécie de pássaro que colore o céu da cidade. Estima-se que os índices das fontes poluidoras foram reduzidos em 93% no período. Atualmente, a concentração de poluentes não passa de noventa partículas por metro cúbico de ar, mesmo na área industrial.

Os rios das grandes cidades também sofreram com o crescimento populacional e a falta de planejamento nos últimos dois séculos. Até mesmo o Tâmisa, orgulho dos londrinos, ficou conhecido em 1858 como o "Grande Fedor", época em que até as sessões do Parlamento tiveram de ser suspensas devido ao mau cheiro que o rio exalava. Além do fedor, as epidemias de cólera ocorridas nessa época foram fundamentais para que o governo inglês decidisse construir um sistema de captação de esgotos na cidade. Ao todo, foram quase 150 anos de investimentos na despoluição das águas do rio. Os primeiros resultados do trabalho apareceram apenas em 1930, depois que o sistema de captação de esgoto passou a despejar os dejetos quilômetros abaixo do local onde o rio cortava a região metropolitana de Londres. Entretanto, o crescimento da população fez com que a mancha de poluição subisse novamente o rio e o tornasse impróprio na área da capital inglesa. Em 1950, o Tâmisa era considerado, outra vez, um rio morto. A nova iniciativa do governo foi a construção das primeiras estações de tratamento de esgoto dentro da cidade. Já na década de 1970, os sinais iniciais de que os resultados estavam sendo alcançados apareceram. Prova disso foi o reaparecimento do salmão, peixe sensível à poluição e exigente em relação à qualidade da água. Apesar dos esforços, nos meses de verão a rede de esgoto não suporta um volume grande ocasionado por fortes tempestades, o que eventualmente causa problemas pontuais de falta de oxigenação em trechos do Tâmisa e a conseqüente mortandade de peixes. Para esse problema surgiu, então, uma das mais criativas e caras soluções encontradas em todo o mundo: a construção do *Thames Bubbler*, uma embarcação que injeta até trinta toneladas de oxigênio por dia diretamente nos lugares mais afetados do rio. Com planejamento de longo prazo e muito dinheiro, Londres implantou um dos mais bem-sucedidos exemplos de recuperação ambiental no mundo.

Outro exemplo clássico é a despoluição do rio Reno, que já foi chamado de "a cloaca" da Europa. Seus mais de 1,3 mil quilômetros de extensão recebiam dejetos de zonas industriais e de empresas químicas de vários países, desde a nascente, na Suíça, até o Mar do Norte. Desde 1986, quando um grave acidente em uma multinacional suíça contaminou o rio com vinte toneladas de um pesticida altamente tóxico, as autoridades européias investiram mais de 15 bilhões de dólares na construção de estações de tratamento da água e de monitoramento. Hoje, cerca de 95% dos esgotos das empresas são tratados. Os resultados do programa e da despoluição do Reno são visíveis. Das 64 espécies de peixes que ali habitavam originalmente, 63 já voltaram.

O sucesso na despoluição desses dois grandes rios europeus contrasta com a saga de um dos principais rios brasileiros, o Tietê, que nasce na Serra do Mar e percorre 1150 quilômetros no interior de São Paulo até chegar ao rio Paraná, na divisa com o Mato Grosso do Sul. O Tietê já teve importância estratégica no passado como via de passagem para os expedicionários que buscavam ouro no interior do país no século XVIII. Foi também às suas margens que se desenvolveu a cultura de café e o início da industrialização na área metropolitana de São Paulo. Até o início do século passado, ainda era possível utilizar o Tietê para o lazer: pescarias e regatas de clubes paulistanos eram realizadas em suas águas. Mas a partir dos anos 1930 o rio passou a receber o esgoto industrial da metrópole que crescia às suas margens. Alguns pesquisadores dizem que o golpe de misericórdia partiu, em 1955, do então governador de São Paulo Ademar de Barros, que interligou o sistema de esgotos da cidade levando os dejetos de boa parte da indústria paulistana para o Tietê.

Um dos mais ambiciosos projetos ambientais do mundo, a despoluição da bacia do Tietê foi delineada em 1992 e já apresenta alguns resultados satisfatórios, como a redução da mancha de poluição e o reaparecimento de peixes em trechos próximos à capital. Mas a situação ainda está longe do ideal, uma vez que a obra já consumiu muito dinheiro – mais de 1 bilhão de reais –, e os resultados foram apenas parciais. A participação da população é vital para que os resultados apareçam, pois mais de um terço da poluição do Tietê é ocasionada pelo lixo jogado nas ruas, como garrafas de plástico e materiais cujo processo de absorção pela natureza pode levar dezenas de anos.

As ações corretivas, como as relacionadas nos exemplos citados, são necessárias para a redução dos índices de poluição e a conseqüente melhoria da qualidade de vida nos grandes centros urbanos. Mas é muito melhor quando uma cidade consegue desenvolver sua infra-estrutura gradativamente e implantar projetos que evitem a degradação do ambiente – iniciativas que constituem as chamadas ações preventivas. Um bom exemplo é a organização do tráfego urbano e a política de transporte de uma região metropolitana. Grandes cidades brasileiras urbanizadas sem um planejamento global e de longo prazo, como São Paulo e Rio de Janeiro, sofrem com um trânsito caótico e congestionamentos que por vezes ultrapassam os duzentos quilômetros de lentidão. Isso é reflexo do excessivo número de carros em circulação, da maneira como as vias dessas cidades foram desenhadas e da ineficiente rede de transporte público, com ônibus cheios e metrô com uma linha deficiente em relação ao tamanho e às necessidades da população.

São Paulo se tornou nos últimos trinta anos área de passagem para caminhões que vêm do sul para o norte do país, ou vice-versa. É o maior e mais movimentado entroncamento rodoviário do Brasil. Mas não tem, ainda, um anel viário completo que permita que esse tráfego de passagem (cerca de 300 mil caminhões por dia) cruze a região sem entrar na cidade – hoje, esses veículos pesados e poluentes passam pelas marginais dos rios Pinheiros e Tietê. Apesar de estar sendo discutido por órgãos governamentais há quase vinte anos, só agora a administração estadual de São Paulo está construindo o Rodoanel, uma espécie de rodovia metropolitana que interligará, por fora da capital, as estradas que chegam à cidade. Quando estiver totalmente concluído, formará um anel viário metropolitano semelhante ao que já existe em países que adotaram ações preventivas. Pequim, a capital chinesa, com seus 14 milhões de habitantes, tem quatro anéis viários dentro da cidade, o que permite uma melhor organização do tráfego. Londres e Paris também já têm quatro anéis viários. Milão, na Itália, possui dois. Na Holanda, um grande anel liga três importantes cidades.

No Brasil, a má organização do tráfego é agravada pela deficiência do transporte coletivo, principalmente nas grandes cidades. Como a rede é ineficiente (não percorre todas as regiões), lenta e cara, muitos motoristas que poderiam dela se utilizar optam pela compra de um carro. O metrô da cidade do Rio de Janeiro, por exemplo, só foi inaugurado em 1979. Hoje, tem 32 estações em duas linhas. O metrô de Londres, o mais antigo do mundo (inaugurado em 1863), tem 275 estações em 12 linhas (sendo 63 delas dentro da área central da cidade). Os londrinos têm hoje 415 quilômetros de linhas de metrô, seguidos de perto pelos habitantes de Nova Iorque, com 398 quilômetros. A cidade brasileira que chega mais perto desses números é São Paulo, com apenas sessenta quilômetros de linhas subterrâneas.

Mas por que estamos falando tanto sobre o tráfego urbano e os transportes públicos? É porque sua organização é determinante na qualidade do ar que respiramos nas grandes cidades. O transporte coletivo produz emissões muito menores do que os automóveis (num cálculo que leva em consideração o número de pessoas transportadas por veículo). Além disso, os congestionamentos e a redução da velocidade média dos veículos aumentam muito a emissão de poluentes. O papel dos órgãos governamentais é o de planejar com antecedência a infra-estrutura de uma região de forma a minimizar a ocorrência de possíveis problemas, como trânsito e deficiências no transporte público. Também devem buscar políticas que incentivem a produção e o uso de veículos movidos por energia com menor potencial poluidor (energia elétrica, gás natural e álcool, entre outras).

Não há uma fórmula pronta para conjugar todos esses fatores e resolver o problema. Cada cidade tem características físicas próprias, e suas complexidades variam de acordo com o tamanho e o perfil da população. Urbanistas recomendam que o tráfego e a rede de transportes públicos sejam examinados de forma integrada pelos órgãos de planejamento da cidade, do estado e do país, de maneira a encontrar soluções que possam encurtar distâncias, reduzir o número de viagens realizadas pelos cidadãos e melhorar a qualidade dos deslocamentos, com mais segurança e velocidade. Assim, é possível reduzir o consumo de energia e diminuir o volume de poluentes lançados na atmosfera. Outro ponto de consenso entre urbanistas de todo o mundo é que hoje não se pode pensar em soluções sem envolver a participação direta dos cidadãos nas tomadas de decisão. Relatório do Habitat intitulado "Preparando-se para o futuro urbano" propõe uma revolução nos conceitos estanques de administração pública. "Resolver problemas urbanos requer a violação deliberada das tradicionais categorias burocráticas como habitação, saúde, infra-estrutura e emprego", diz o estudo. Após pesquisar as setecentas melhores práticas urbanas em cem países, o Habitat chegou às novas palavras-chave dessa transformação: descentralização, parcerias do governo com a iniciativa privada e participação popular direta.

Dentro desse novo modelo, que procura incluir o cidadão na solução dos problemas ambientais, é essencial que haja a correta disposição dos resíduos (outra ação preventiva), que inclui aquele 1,5 quilo que cada um de nós produz por dia, o dejeto das fábricas e o produto da varrição das ruas, entre outros. Reaproveitando o que for possível e destinando o restante de maneira adequada (em aterros sanitários ou para destruição térmica controlada), consegue-se evitar que esses produtos poluam o ambiente urbano – ou, ao menos, reduzir seus efeitos. Também é preciso ampliar a reciclagem, reutilizando materiais já modificados pelo homem para que os recursos naturais originais sejam preservados. Hoje, o Brasil estima reciclar 5% de seu lixo urbano, percentual que chega a 40% em países da Europa e nos Estados Unidos.

Os acordos políticos internacionais também têm um papel importante no desenvolvimento de políticas para a prevenção da poluição. Desde o final dos anos 1960, as questões ambientais passaram a ter relevância no planejamento urbano. Os estudos de impacto ambiental tornaram-se obrigatórios em alguns países, e financiamentos internacionais vincularam-se a esses estudos, na tentativa de garantir um desenvolvimento comprometido com a preservação do meio ambiente e o desenvolvimento sustentável. A partir dos anos 1980, diversas convenções e tratados internacionais foram organizados com o intuito de comprometer as nações com esses objetivos preservacionistas. Uma das primeiras foi realizada em 1988, no Canadá, quando se passou a discutir as conseqüências das mudanças climáticas no planeta provocadas pela ação dos poluentes, principalmente pelo agravamento do efeito estufa. Seguiram-se outros encontros, entre eles a Eco-92, no Rio de Janeiro, até que em 1997, em Kyoto, no Japão, os países desenvolvidos concordaram em assinar um documento no qual se comprometeram, pela primeira vez, a reduzir a emissão de poluentes. Com a discordância dos Estados Unidos, que se recusa a ratificar o documento, apesar de ser o maior lançador de poluentes na atmosfera. O Protocolo de Kyoto só passou a valer a partir de 2004, com a adesão da Rússia. Cientistas esperam que os efeitos iniciais sejam sentidos ainda nesta década, já que os países industrializados signatários devem reduzir as emissões de seis tipos de gases causadores do efeito estufa para que, até 2012, eles voltem aos níveis registrados em 1990 – quando apenas os Estados Unidos eram responsáveis por 36,1% das emissões desses gases.

Necessária para a redução das emissões de poluentes na atmosfera e para o desenvolvimento de infra-estrutura em cidades de países em processo de industrialização, a implantação de acordos ambientais entre nações tem esbarrado na falta de investimentos dos governos e na resistência dos países ricos. Em setembro de 2002, Johannesburgo, na África do Sul, sediou a Cúpula Mundial sobre Desenvolvimento Sustentável (Rio +10), reunião que deveria servir para a análise e implementação dos planos de sustentabilidade definidos na Eco-92. A conferência, no entanto, terminou sem que grandes planos tenham sido acordados. Pelo contrário. Houve movimentação de chefes de Estado para que os compromissos assumidos não sejam implementados em curto prazo. Os Estados Unidos (maior consumidor de petróleo do planeta) e alguns países árabes (maiores produtores de petróleo) se juntaram para derrubar a proposta do Brasil e da União Européia que impunha metas para a ampliação das fontes renováveis da matriz energética no mundo. Ao final, o texto do encontro trouxe poucos compromissos concretos. Das suas cinco prioridades (água e saneamento, energia, saúde, agricultura e biodiversidade), os alvos e as datas só foram garantidos em dois: saneamento (meta de reduzir pela metade o número de pessoas sem acesso a ele até 2015) e biodiversidade (metas para reduzir extinções e recuperar estoques de peixe). A falta de exigências mais rígidas por parte dos países poluidores levou a ONG WWF (Fundo Mundial para a Natureza) a qualificar o encontro como a "Cúpula Mundial sobre Acordos Vergonhosos".

Apesar de melhorias pontuais, a concretização dos compromissos assumidos pelo governo brasileiro na

Agenda 21 (carta de intenções produzida pela Eco-92 para a conquista do desenvolvimento sustentável) está aquém das necessidades do país. Na maioria dos estados, órgãos governamentais continuam gastando boa parte dos recursos em ações corretivas, ao invés de adotar medidas preventivas – muitas vezes mais caras. O Brasil sabe o que deve fazer. Já colocou no papel metas para sua própria Agenda 21, que prevê melhor regulamentação do uso e ocupação do solo, mudança dos padrões de consumo das cidades, reduzindo custos e fomentando as tecnologias limpas, implantação de redes de transporte de massa eficientes e com matriz energética sustentável e estimulação de métodos de gerenciamento dos recursos naturais. Como se vê, a legislação ambiental está avançada no Brasil e em boa parte do mundo. Há políticas definidas, metas estabelecidas e programas em desenvolvimento. Cabe agora à sociedade analisar qual o papel dela nessa nova realidade.

5

A solução também está com você

Todo mundo tem um papel a cumprir na busca de um mundo melhor. Vimos que os órgãos do governo devem planejar e executar melhorias de infra-estrutura. E que a sociedade civil organizada, por meio das entidades ambientalistas, deve cobrar e fiscalizar as ações governamentais e propor soluções alternativas a esses projetos. E você? Já pensou como pode contribuir individualmente para reduzir a geração de poluentes e melhorar a sua qualidade de vida e a de quem mora na sua cidade?

É importante, em primeiro lugar, que as pessoas reflitam sobre o modo de vida que levam, a começar pelo padrão de consumo que adotam. A sociedade capitalista industrial criou o mito do consumo como sinônimo de bem-estar e felicidade. Influenciados pela mídia, compramos muitas vezes produtos e serviços além de nossas necessidades reais. Poucas vezes, no entanto, paramos para pensar no impacto que esse comportamento pode ter no ambiente em que vivemos e na nossa qualidade de vida. Lembra daquela peça de roupa que você usou só uma ou duas vezes e depois aposentou? Pois fique sabendo que a fabricação desse produto implicou gastos de recursos naturais e gerou resíduos que impactaram, em maior ou menor grau, o ambiente. O mesmo raciocínio vale para quem troca o aparelho de som velho ou a televisão de tecnologia ultrapassada por novos modelos: aumenta o consumo de matéria-prima tirada da natureza e a geração de resíduos. Essa situação se tornou tão corriqueira no Japão e em alguns países da Europa que os eletrodomésticos são trocados a cada um ou dois anos por outros novinhos em folha. Os equipamentos eletrônicos velhos vão para a rua, e, de lá, muitas vezes para os lixões públicos.

Em oposição a esse modelo adotado também no Brasil, surgiram nos últimos anos grupos não-governamentais que questionam essa relação de consumo. Um dos mais ativos é o canadense Adbusters (os zombadores de propaganda, numa tradução livre). Criado em 1989, é hoje uma rede global de artistas, escritores, agitadores políticos, estudantes, educadores e empresários que discutem e realizam formas criativas de ativismo para combater a lógica do consumismo e promover a crítica da cultura de massa. O grupo desenvolve diversas campanhas de conscientização simbólica que são executadas no decorrer do ano. A mais famosa é o *Buy Nothing Day* (dia do não compre nada), realizada em 24 de novembro, em que a meta é passar o dia todo sem gastar um centavo. A intenção não é impedir as pessoas de comprar bens e produtos dos quais necessitam, mas fazê-las refletir sobre as reais necessidades de consumo.

Grupos como o Adbusters, o Greenpeace, a Conservação Internacional, o WWF e outros estão preocupados com o futuro. Hoje em dia, época em que a humanidade consome cerca de 20% a mais do que a capacidade de renovação do planeta, metade da população mundial está abaixo da linha de pobreza. Se todos os países do mundo passassem a consumir como os norte-americanos, seriam necessários mais quatro planetas iguais à Terra para garantir produtos e serviços básicos, como água, energia e alimentos para toda a população. É por isso que essas entidades defendem e divulgam a idéia do consumo consciente, processo que visa o equilíbrio entre o uso dos recursos naturais e a sustentabilidade do planeta. A premissa básica é que ações individuais, mesmo que pareçam pequenas, fazem diferença. Basta incorporar ao dia-a-dia atitudes simples, como otimizar o uso de água e energia, dar preferência à compra de materiais que causem menor impacto ambiental, utilizar com maior freqüência o transporte público de sua cidade, reutilizar embalagens e incorporar nas atividades cotidianas a coleta seletiva, enviando seu lixo já limpo e separado para um centro de reciclagem.

Uma ação individual pode parecer pequena, mas, ao longo de uma vida, faz diferença. Quando uma pessoa escova os dentes com a torneira aberta, gasta cerca de catorze litros de água, ao invés de apenas dois litros, se tivesse fechado a torneira. Se todos os 10,5 milhões de paulistanos controlassem o registro da torneira ao escovar os dentes, de forma a evitar o desperdício, o volume de água economizada diariamente seria suficiente para abastecer, durante três dias, uma cidade como Goiânia, com 1 milhão de habitantes.

O desperdício no Brasil ainda é considerado um dos maiores do mundo. O paulistano, por exemplo, gera por dia 1,5 quilo de lixo domiciliar. O norte-americano, dois quilos. O japonês, 2,8 quilos. A diferença está no índice de reciclagem. Nos países desenvolvidos, onde a consciência em relação ao aproveitamento é grande, esse percentual é de 40%; enquanto isso, o Brasil recicla, segundo estimativas dos órgãos de governo, menos de 5% de seu lixo urbano. Em São Paulo, a maior cidade do país, a coleta seletiva de lixo só é realizada em metade dos bairros. E apenas 1% do lixo produzido é recuperado e vendido para as indústrias – na Baviera, Alemanha, o índice de reciclagem é de 75%. Há apenas dois itens nos quais sagramo-nos campeões de reaproveitamento: o papelão e as latas de alumínio. Do total dessas latas produzidas no Brasil, 85% são recicladas. No Japão, o índice é de 82,5%. No caso do papelão, a diferença é maior ainda: a reciclagem é de 72% no Brasil e de 65% na Europa. Mas esse recorde não se deve somente ao aumento da consciência do brasileiro, mas principalmente a uma necessidade econômica. É que a atividade de recolher latinhas e papelão gera um mercado de trabalho informal para mais de 300 mil catadores que vivem do lixo para garantir renda mensal de até quinhentos reais. Nas periferias, há quem use o lixo orgânico para sobreviver.

Uma pesquisa feita no final de 2004 pelo Procon de São Paulo revela que a população já se mostra preocupada em adquirir hábitos de consumo sustentável, mas a intenção ainda esbarra na falta de informações e na dificuldade de implementar as mudanças de comportamento pela falta de canais de participação – o que impede a população, por vezes, de tomar atitudes concretas. Para cerca de 91% dos entrevistados deve existir uma preocupação com o futuro do planeta, pelo dever ético com as próximas gerações e com os respectivos descendentes. É um indicativo da predisposição favorável à questão ambiental, que exige um senso de responsabilidade coletivo e individual.

Uma pesquisa de alcance nacional, realizada em 2001 pelo Instituto Akatu pelo Consumo Consciente, em parceria com o Pnuma, mostrou que 64% dos jovens entrevistados acreditam que o modo como descartam seu lixo tem impacto sobre o meio ambiente. Numa comparação com um estudo internacional, o Brasil obteve o maior índice de consciência em relação ao descarte de lixo entre os 24 países pesquisados. Entre os jovens norte-americanos, por exemplo, apenas 37% admitem esse impacto. Mas ainda há muito a ser feito, como o desenvolvimento da consciência de que todos vivemos no mesmo planeta. A maioria dos jovens entrevistados no Brasil considera que suas ações causam baixo impacto no que acontece no mundo e na cidade onde vivem. Apenas 38% admitem que suas ações interferem no mundo e 44% acreditam exercer um impacto significativo em sua cidade.

Essa idéia de que todos são responsáveis por evitar a degradação do ambiente começou a ser difundida no início dos anos 1970, quando os problemas provocados pela poluição tornaram-se mais urgentes. Foi a época em que surgiram os primeiros movimentos ecológicos, amparados na ideologia do movimento estudantil de maio de 1968 em Paris, França, que questionava de maneira radical os valores do mundo de então. Ganhavam força, principalmente na Europa e em parte dos Estados Unidos, os grupos que defendiam o pacifismo. Na Alemanha e na Bélgica, foram fundados os primeiros Partidos Verdes. No Brasil, que ainda vivia o período da ditadura militar, a Tropicália revolucionava a música e os costumes. Esse caldo cultural seria a gênese do pensamento ecológico global – a idéia predominante de que é preciso preservar a natureza e buscar a solução de problemas ambientais de forma global e sustentável. Em 1972, na conferência de Estocolmo, a Unesco definiu o que seria a chamada educação ambiental: "Um instrumento que visa a formação de uma população mundial consciente e preocupada com o ambiente e problemas a ele relacionados e que possua os conhecimentos, as capacidades, as atitudes, a motivação e o compromisso para colaborar individual e coletivamente na resolução de problemas atuais e na prevenção de problemas futuros".

O conceito permanece válido, mas muita coisa mudou desde então. Os problemas ambientais se avolumaram. As cidades cresceram ainda mais, sem que as ações de prevenção tivessem sido adotadas, agravando os problemas de poluição principalmente para os moradores das grandes cidades. As ONGs ambientais se profissionalizaram e não há partido político sério que deixe de apresentar em sua plataforma de administração propostas de desenvolvimento sustentável, aliando progresso a tecnologias não poluentes. Três décadas depois, o movimento ambientalista deixou de lado seu caráter alarmista para desenvolver políticas de longo prazo. Vivemos uma época em que a educação ambiental assume um caráter mais realista, embasado na busca de um equilíbrio entre o homem e o ambiente. Na visão de Aziz Ab'Saber, um dos mais importantes geógrafos brasileiros, a "educação ambiental é um processo que envolve um vigoroso esforço de recuperação de realidades e que garante um compromisso com o futuro. Uma ação entre missionária e utópica destinada a reformular comportamentos humanos e recriar valores perdidos ou jamais alcançados. Trata-se de um novo ideário comportamental, tanto no âmbito individual quanto coletivo". Fruto de um constante exercício de pensamento crítico, a educação ambiental é um dos tijolos que o homem usará para construir no futuro um mundo mais justo e equilibrado.

Referências bibliográficas

Branco, Samuel Murgel. *O meio ambiente em debate.* São Paulo, Moderna, 1997.

Branco, Samuel Murgel & Rocha, Aristides Almeida. *Elementos de ciências do ambiente.* São Paulo, Ascetesb, 1984.

Cepal (Comissão Econômica para América Latina e Caribe). "Marco global para a formulação de políticas para o controle e fiscalização da contaminação industrial e urbana na América Latina", 1991.

Reigota, Marcos. *A floresta e a escola: por uma educação ambiental pós-moderna.* São Paulo, Cortez, 1999.

Sobral, Helena Ribeiro. *O meio ambiente e a cidade de São Paulo.* São Paulo, Makron Books, 1996.

National Geographic, junho 2004.

Revista DAE, setembro 1983.

Revista Cetesb de Tecnologia Ambiente. Secretaria de Estado do Meio Ambiente, 1990.

"Cubatão. Beleza além da chaminé". *O Estado de S. Paulo*, 31 de julho de 2005.

"Edificações em São Paulo potencializam barulho". *Folha de S. Paulo*, 31 de julho de 2005.

"Poluição em São Paulo mata oito por dia". *Folha de S. Paulo*, 18 de agosto de 2005.

"Restaurantes cariocas têm alto nível de nicotina". *Folha de S. Paulo*, 30 de agosto de 2005.

Relatórios técnicos disponíveis nos sites das seguintes entidades:

Organização Mundial da Saúde (www.who.int)

Organização Pan-Americana da Saúde (www.opas.org.br)

Companhia de Tecnologia e Saneamento Ambiental de São Paulo (www.cetesb.sp.gov.br)

Banco Mundial (www.worldbank.org)

Fundação Procon de São Paulo (www.procon.sp.gov.br)

Impresso nas oficinas da
Gráfica Palas Athena